Wäre ich ein General

Gedichte über den Krieg in der Ukraine

Eugen Kluev

Illustrationen von Arina Galantseva

Aus dem Russischen von Jakob Bernstein

Dorante Edition

Wäre ich ein General

Gedichte über den Krieg
in der Ukraine

Eugen Kluev

Jakob Bernstein (Übersetzer)

Geboren 1953 im ukrainischen Schytomyr. Schloss 1975 an der Universität Woronesch in dem Fach angewandte Mathematik und Informatik sein Studium ab und promovierte 1986 auf dem Gebiet der automatischen Regelung und mathematischen Modellierung in Moskau. 1994 ist er nach Deutschland ausgewandert und arbeitet zur Zeit als ein freiberuflicher Softwareentwickler bei namhaften deutschen Firmen. Er übersetzt russische und ukrainische Dichter und Liedermacher, sowie ukrainische Volkslieder ins Deutsche.

Bibliografische Information durch die Deutsche Nationalbibliothek: Die Deutsche Nationalbibliothek verzeichnet diese Publikation in der Deutschen Nationalbibliografie; detaillierte bibliografische Daten sind im Internet über http://dnb.d-nb.de abrufbar.

Herausgegeben durch das Literaturpodium, Dorante Edition
Berlin 2025, www.literaturpodium.de
ISBN: 978-3-7693-5408-9

Motiv auf der Vorderseite: Arina Galantseva

© 2025 Eugen Kluev
Verlag: BoD · Books on Demand GmbH, Überseering 33,
22297 Hamburg, bod@bod.de
Druck: Libri Plureos GmbH, Friedensallee 273, 22763 Hamburg

Wenn sich jemand an den Krieg gewöhnen kann,
kommt jeder von uns ums Leben.

Der Dritte Weltkrieg

Marschieren, raschieren und knacken, denn —
darunter kein´ Strich
setzt der hart am Kragen mich packende
Krieg: schreib über mich.

Von frischestem Schädel, dem richtigsten,
trink Feuer wie Milch —
da andere Themen unwichtig sind,
schreib nur über mich.

Der Tod ist die Freiheit, die Liebe ist
das Blutbad an sich —
vergiss Zärtlichkeiten im lieben Zwist,
schreib nur über mich,

vergiss dummes Zeug zu verkaufen:
der Panzer hält Stich,
rotiert mit Bravour man die Schaufeln —
schreib nur über mich.

Folg´ nicht den zwei älteren Brüdern, Mann!
(verwandt oder nicht)
Der Dritte, der Beste ans Ruder kam —
schreib nur über mich!

Der Tag von gestern

Dunst im Erlöserneste
unterm Großen Bär
grüß dich Tag von gestern
kamst du wieder her
macht nichts – wir erkannten
dich durch deinen Schritt
durch den Schritt am Rande
der uns hart eintritt
kannten deine Augen –
böse Unterwelt
zornig mit den Klauen
hast du uns gequält
gabst du uns dein Wort als
hätt´ es großen Wert
dass kein Hagel stört, dass
du nie wiederkehrst
du wirst gar nichts schaffen
bleib du ohne Zweck
wir legen uns jetzt schlafen
geh du aber weg

Der Panzer

als ich mal in einem Buch
las, war weg mein Kumpel
dann kam ein Panzer zu Besuch
er hat schön gerumpelt
   ich schnitt solch einen ungefähr
   wie auf´m Zeitungsfoto
   als ob er ein Dino wär´
   jedoch ohne Pfoten
erst macht´ Donner er drumrum
rollte zum Sandkasten
dann macht´ er das Haus krumm
schlug die Wand und Basta
   er nahm mich zum Nachbarn nicht
   dessen Hof betretend:
   du bist klein aus meiner Sicht
   komme nochmal später
schade ich bin klein und weich
und er hat Mutter nicht erreicht
seitdem mein Freund ein Feind mir war
er sagte mir, ich sei ein Narr

Die Flugzeuge

Elefanten und Nilpferde
machen mir gar keine Angst
alle Wale unsrer Erde
machen mir gar keine Angst
allgemein die Raubtiere
und die kleinen bösen Viren
nur Flugzeuge hoch am Himmel
machen mir tatsächlich Angst
wenn Geschosse ausgehen
wenn das Feuer ausgeht
werde ich nach Kiew fahren
in die liebste Stadt der Welt
mit dem Pferd nach Kiew dringend
mit dem Auto ganz schnell
und der Zug wird mich hinbringen
in die liebste Stadt der Welt
dort umarm´ ich alle Dinge
eile rasch zum Tierpark grad
um zu sehen feste Zwinger
mit Flugzeugen hinter Draht
wie die Tiere aller Meere
Elefanten und Waschbären
man sie dort zu sitzen zwingt
aus dem Zwinger niemals bringt

Übersetzung ist dem Neffen des Übersetzers und seiner Familie,
Geflüchteten aus Kiew gewidmet

Die Kätzchen

unsre Kätzchen waren blind
die jetzt aber Kater sind
    anfangs ließ ich sie nicht liegen
    in dem Bett nach der Geburt
    zuerst haben sie geschwiegen
    danach haben sie gemurrt
    gerne liefen wir zur Wippe
    ließ´n die Kätzchen spielen nur
    zuerst kneifen sie die Lippen
    danach haben sie geknurrt
    nächtelang hab´n wir gealbert
    heimlich chatteten im Netz
    zuerst hab´n sie Angst verbreitet
    danach haben sie gepetzt
    das geschickteste und flinke
    frech besetzte unser Bett
    geht durchs Haus mit ´ner Flinte
    will verhaften es uns stets
unsre Kätzchen waren lind
die jetzt aber Biester sind

Alle gingen an die Front

ich will gehen an die Front
alle längst sind an der Front
der Ukraine ganzes Volk
Millionen an der Front

still ist´s wo mein Kater wohnt
ging er dringend an die Front
und der Maulwurf betont
sein Platz ist jetzt an der Front

lieber Stieglitz wie sein Volk
flog natürlich an die Front
flottes Fischchen wie sein Volk
schwamm seit langem an die Front

Schutz der Heimat nimmt man wahr
da die Heimat in Ge-faaahr!

Mir gefällt der Krieg gar nicht

mir gefällt der Krieg gar nicht
Kinder drauf sind nicht erpicht
niemals werde ich Krieg spielen
keinesfalls Faschistenkrieg
keinesfalls Raschistenkrieg
ruft man mich dann sag´ ich vielen:
Covid steht hier im Verdacht
denn ich hab´ die Impfung nicht gemacht

niemals werde ich Krieg spielen
später auch werd´ ich nicht spielen
wenn ich groß geworden bin
so entschied ich zu Beginn

Ein Geschoss fliegt

fliegt ein Geschoss
am Himmel schlicht
wen tötet´s bloß
weiß selbst es nicht
fliegt ein Geschoss
grad überm Kopf
man sagt mir los
dein Herz wohl klopft
sie sagen stets
du bist schon groß
besonders jetzt
fällt das Geschoss
ich mache dann
Pipi allein
man sagt bleib dran
und schlafe ein
ich folge ihm
mit voller Kraft
und schwebe im
furchtlosen Schlaf

Wäre ich ein General

wäre ich ein General
sag´ ich den Soldaten mal
geht nach Hause geehrt
bleibt im Haus eingesperrt
hundert Jahre auf dem Balkon
ohne Kekse und Bonbons
man gibt euch nur Lebertran
nur zur Feier Käse dran
Handys werden abgestellt
dass Kontakte niemand hält
damit ihr von Jahr zu Jahr
nur Toiletten putzt und klar
werdet müde ohne Sieg
und zieht nie mehr in den Krieg
das Volk singt in voller Kraft
ihr seid für uns ekelhaft

Das Wort „Krieg"

Vater schweigt still und Mutter lang schwieg
miteinander sprachen sie leise
keiner darf sagen das Wort: Krieg
ich aber schon dummerweise
ich lege Fragen nicht den Eltern zur Last
ich bin schon groß, bin im Kindergarten
man sagt Kinder gehen nicht in den Knast
für die Worte wider Erwarten
ich warf ihren Schal um als die Mutter schwieg
stülpte Vaters Hut auf wie im Theater
hundertmal sage ich für die Mutter: Krieg
und hundertmal für den Vater

Onkels Remus´ Märchen

einmal wär´s ein großes Glück
Bruder Hase Bruder Fuchs
wenn mit andren Brüdern
wir uns treffen würden

werd´n uns wälzen hin und her
spitze Zungen wetzen
überlisten Feinde gern
Freunde nicht verletzen

mir allein ist´s schwer im Ernst den
Vater zu ermuntern
nachts zu schlafen ohne Ängste
und mit Angst die Mutter

Übersetzung allen Übersetzern von Eugen Kluev in allen Sprachen gewidmet

Der Engel

ein Bandit, noch ein Bandit
ich mit meinem Bruder
unter Sternen zum Zenit
kühn mit Oma rudern

sagt sie geht schon mal ins Bett
sollt an Gott euch wenden:
lass nach Lwiw zur Stärkung nett
einen Engel senden

ich vom Engel träumte sehr
blondes Haar und linde
schöne Flügel und noch mehr –
in der Hand die Flinte

Der Buchstabe Z

als ich in die Kita ging
lernte ich Z ein armes Ding
Z ist so wie ein Zickzack
sollte kleben auf dem Rucksack
sagt´ ich den Buchstaben Z
gibt´s nicht im Russisch-Alphabet
hat mein Vater mir erklärt
    drauf lege ich großen Wert
unser Erzieher nahm sich Zeit
    mein Vater wurde angezeigt
ich sagt´ dem Erzieher: kein´ Zickzack
klebe ich auf den Rucksack
    und mein Opa ist ein Kosak

Der Kinderspielplatz

unser Kinderspielplatz-Märchen
ist nicht mehr für Jungs und Mädchen
einst war dort ein flottes Pferdchen
hohe Schaukeln und Wippen

gingen wir zum Spielplatz-Märchen
gerne ritten auf dem Pferdchen
pfiffig klettert´n auf die Wippe
konnten schaukeln und kippeln

am Spielplatz blieb nichts vom Märchen
seit drei Wochen liegt erbittert
nur ein Haufen von den Gittern
und das Wrack vom toten Pferdchen

und der Schaukelbogen
ist himmelhoch geflogen

Früher war ich stets ein Russe

früher war ich stets ein Russe
war geknickt und ohne Muße
ich wollt´ nicht mehr sein ein Russe
da sie alle böse sind

ich bin nun ein Ukrainer
will die Mutter dran erinnern
fühle mich wie ein Gewinner
ukrainisch sprech´ geschwind

In Kürze sind wir weg

in Kürze verlassen
wir unsren Ursprung
und mir jeden Tag
sagen wieder die Jungs
dass ich meine Sprache vergesse
ich heimlich ein Buch
hier im Garten vergrub
und wenn wir heimkehren
werd´ finden das Buch
und lerne die Sprache noch besser
und Mutter und Vater
habt ihr es im Blick
gewiss übersetz´ ich
den Text ohne Knick

*Übersetzung ist Alla Zajitschko-Schulga, einer Klassenkameradin des Übersetzers,
Geflüchtete aus der Ukraine gewidmet*

Eine Drohne

zu uns flog mal ein Bombenleger
er nannte sich der flotte Feger
kein flotter Feger –
ein Todesjäger
der uns ermordet hat –
Drecksack
und es hat dann sehr stark gedonnert
von diesem blöden Krieg der Drohnen
doch wie sag´ ich das den Anwohnern
dass niemand mich zu beschimpfen wagt

Äsops Sprache

ich werde gerne
äsopische Sprache lernen
man sagte dass
äsopische Sprache rasch
die allerwichtigste sein wird
wer das nicht recht
zur Kenntnis nimmt
gerät schnell ins Gefängnis bestimmt
ich fragte
für wie viele Jahre sperrt man sie ein
eine Antwort bekam ich nie
es kann sein
für ein Jahr oder zwei
denke ich unbewusst
sodass man die
Wörter richtig lernen muss

Die Anzeige

Der Lehrer Herr Weltfriedenszweig
lehrt´ wie man jemanden anzeigt
die Väter
Mütter
Brüder
Schwestern
erklärt´ er beispielhaft uns gestern
und jeder ´ne Anzeige bindend
schrieb gegen ´ne gelbblaue Windel
ich will Anzeigen nicht erstatten
nicht gegen
Mutter
Bruder
Vater
nicht gegen die kleine Schwester blindlings
bloß wegen der gelbblauen Windel
Anzeigen sind nicht meine Wahl
ich sage, ich bekäm´ Durchfall

Man bombardierte

man die Straße bombardierte
laut weinte jenes Örtchen
man beschoss des Bäckers Brötchen
Brezeln Brote Kuchen Törtchen
man beschoss Feinbäckers Laden
Tee Pralinen Schokoladen
bombardierte uns der Himmel
mit dem Zorn aufgeladen
er beschoss Fruchthändlers Äpfel
Blutorangen und Bananen
Möbellager Tische Wannen
Stühle Betten und Diwane …
Opa hat den Kopf geschüttelt
mir geflüstert: was das soll
mein Schatz, es war in voller Blüte
kurz davor ganz lebensvoll

Vom Himmel Gott uns bombardiert

ich wollte erst ein Flieger sein
und träumte wie er fliegt
die Himmelskuppel ist mein Heim
so war das vor dem Krieg
und nun gefällt es mir so weit
ein´ Job als Volontär
verteile Lebensunterhalt
betreue Leute gern
vom Himmel Gott uns bombardiert
dem Kreml gehört nun er
der Himmel war mir früher lieb
jetzt mag ich ihn nicht mehr

Das hat Marinka

In vier grauen Kätzchen liegt Marinkas Glück,
ich hab´ fünf rothaarige Wunder.
Bei Marinka gibt´s die Aufkleber – fünfzig Stück,
ich hab´ mehr als Hundert.
Bei Marinka letztlich gibt´s ein iPad,
ich hab´ ein iPad und Computer.
Sie hat noch ein Kleid, das fast bis zur Ferse reicht,
ich hab´ ein T-Shirt mit Harry Potter.
Sie geht zur Schule, ich bin im Lyzeum schon.
Sonst sind wir zwei wie Geschwister.
Man ermordet von ihr acht Freunde, von
mir sind´s vorerst drei Vermisste.

Es wurde langweilig

Leider wurde es langweilig
in dem Park am Karussell,
wo ich fast auf allen Tieren
schon herumgeritten bin:
auf den Bären, auf den Panthern,
den Giraffen, den Gazellen,
Elefanten, Leoparden ...
ich ritt nicht auf dem Schakal nur,
den Schakal mag ich gar nicht.

Dann sind sie hier durchgegangen ...
das Gespräch war kurz und knackig:
kaum war ein Wort gesprochen,
brachten sie alle Tiere um
hinterm Rücken die Arme gefesselt,
schoss man ihnen ins Genick und
niemand wurde hier verschont – doch
der Schakal blieb unversehrt und
der Schakal steht immer noch.

Die Vorladung

Und ich wollte sagen zunächst: ach was …
eine Einladung – erklang mir grade.
Keine Einladung, der Krieg ruft den Vater. Krass!
Er bekam die Vorladung.
Und ich spreche ihn an, das kann doch nicht sein,
bei der Oma versteck dich, sei klüger,
im Krieg, sag´ ich ihm, bist du vollständig allein,
drumherum sind Kugeln.
Wenngleich eine von denen zufällig dich trifft,
stirbst du sofort vom Schmerz geplagt.
Lass mich ziehen mit dir in den Krieg, der uns rief,
damit man dich nicht zu erschießen wagt.

Der Patriot

der Erzieher uns sagt´
wer ein Patriot ist
das sind Genka
Serjosha
und Ljuda
über mich sagte er
wohl ich baue Mist
und ich sei eine putzige Nudel
ich weiß nicht, wer ernsthaft
hier der Patriot ist
nicht Serjosha
ihn kann man vergessen
weil er ein Kätzchen ruft
und es mit dem Fuß pufft
und dafür
bekommt er in die Fresse

Blumen

seit Tagen sorgt kein Nachbar für
die Blumen in dem Treppenflur

sie werden rasch gegossen sein
ich bin schon wieder bald daheim

ich könnte jetzt schon gießen prompt
vor kurzem wurd´ mein Heim zerbombt

dort ist viel Blut und immer kracht´s
und keiner schenkt den Blumen Acht

wenn alle einmal umgebracht
begraben sind, wer gießt danach
die Blumen hier im Treppenflur

sie sind so schön – wie schade nur

Ich habe keine Angst

Er ist angeflogen, hat Unfug getrieben …
Die Oma: „Bewahre uns, Gott, und behüte!
Er ist weder ´nem Fest,
          noch ´nem Werktag ferngeblieben!" –
gleich knipst am Lichtschalter sie wütend.
Ob Oma nervös ist … o, arme Großmutter!
Ich hab´ keine Angst, doch was spürte sie selbst?
Gib mir deine Hand denn … ich will dich ermuntern,
ich fühle mich sicher,
          weil du auf mich zählst!
Ich bin weder winzig, noch werd´ ich mich beugen:
wir gingen damals in den Keller hinab,
ich fand ein Flugzeug zwischen meinen Spielzeugen.
Ich riss beide Flügel von ihm heimlich ab!

Opa

Opa läuft mit sachte, sachte
muss Knieschmerzen er beachten
sein Wohnviertel ist zerbombt
er flieht wirklich nicht zu prompt

bis zum Keller noch dreihundert
Meter, schaffst du nicht – kein Wunder
bombardiert nicht so schnell ihr Affen
Opa muss es bitte schaffen

Tante Gala

Tante Galas Tränen flossen
ihre Tochter ist erschossen
geht zum Grab auf leisen Sohlen
füttert gern sie eine Dohle
dennoch denkt sie in der Dohle
lebe ihre Tochter Dolly
doch die Dohle ist ein Vogel
man merkt es am Sehvermögen
sie von Dolly mag bloß spinnen
und besucht Wahrsagerinnen
mir tut´s weh von allen Seiten
hab´ Mitleid mit ihnen beiden
Tante Gala wirkt noch trüber
man sagt sie schläft nicht nachtsüber
geht spazier´n nutzt ab die Sohlen
oder schreibt ein´ Brief der Dohle

Wer getötet ist

wer getötet ist, muss vergraben werden
selbst die Kleinen müssen vergraben werden
selbst die Alten müssen vergraben werden
alle sind zu vergraben im Grunde
wenn sie nicht auf einmal vergraben werden
dann wird es schwer sie später zu vergraben
zu viele müssen dann vergraben werden
nicht zu vergraben wär´ ´ne Sünde

doch nimmt der Krieg mal ein Ende irgendwann
nicht heute auf morgen – sondern irgendwann
und kommen keine Toten mehr irgendwann
werden nur Lebende da sein weiter
und dann werden wir gedenken irgendwann
alle die vergraben wurden irgendwann
alle die von uns geliebt wurden irgendwann
jemals in den uralten Zeiten

und wir werden laufen um sie auszugraben
alle Freunde werden wir gleich ausgraben
und alle Bekannten werden wir ausgraben
die diesen Krieg nicht überdauerten
und wir werden sie lange noch ausgraben
sowohl die Kleinen werden wir ausgraben
als auch die Alten werden wir ausgraben
und alle um die wir mit Tränen trauerten!

Ich zähle

ich kann gut zählen
und ich zähle
zähle alle
Flugzeuge
und Leichen
Einschläge
Soldaten
Sirenen

jemand sollte
hier alles abzählen
ich zähle ab
gestern rechnete ich mit
104 Soldaten im Rennen

man zerbombt
uns zerbombt
und zerbombt
wir sind fast schon ausgebombt
doch zerbombt man zerbombt
grelle Blitze flimmern im Aug´
heute sind wir
drei Mal schon nicht tot wie gewohnt
gestern fünf Mal
wenn man dran glaubt

Wir im Versteck

im Versteck verriegelt ordnen
wir in Ruhe uns´ren Plan
und sind gar nicht grau geworden
sitzend vierzehn Stunden lang
und die Nachbarn streiten laut
nach eineinhalb Stunden Wahn
sind sie erschreckend stark ergraut
obwohl der Anflug nicht begann
die Idee kam mir blendend
alles setzt sie auf null
wer´s durchlebt nicht grau werdend
der ist richtig cool
ich sagt´ es mit guter Laune
manchen Jungen wie gewohnt
kein Haar wird an mir ergrauen
selbst wenn man zehn Jahre bombt

Erzähl mal vom Frieden

gab es ´ne Speisekarte
zum Genießen vom Eis?
gingen wir durch den Garten
auch im Dunkeln damals?

war der Streit denn so hässlich
mit dem Freund? Und so platt?
war denn mein grünes Häschen
aufziehbar in der Tat?

waren wir mit den Märchen
in dem Buch schon soweit?
das ermordete Mädchen
war zwei, drei Jahre alt?

und zu wohnen entschieden
wir in welchem Stockwerk?
erzähl mir mal vom Frieden
ich hab´s mir nicht gemerkt

Das Neujahr

lass mich heute gar nicht in die Kita, Mutter
lieber gehen wir zum Teich die Entchen füttern
gehen wir die Straße lang danach die Hände waschen
werden wir langsam das Eis am Stiel vernaschen
werden sehen dann wie viele and´re Buben
lebhaft mit viel Spaß am Spielplatz springen üben
da wir hinterher zum Markt losfahren müssen
wird am Markt der Weihnachtsmann uns herzhaft grüßen
werden dort das Neujahr feiern wie im Rausch
ist nicht schlimm, dass einen Monat im Voraus
am Festtag gibt´s ´nen Christbaum und eine Gans

möge es nicht morgen werden, ich hab´ Angst

Ich bin groß

ich bin groß
    und ich habe reichlich Geld
fast acht Griwna
    oder sogar sieben
ich feiere Geburtstag
    für die ganze Welt
so wäre kein Geldstück
    geblieben
ich lade Seryozha
    Mark Ljoscha ein
Slawa Katja Zhenja
    zwei Ljudas eben
so viele wie möglich
    müssen eingeladen sein
bis dahin werden
    nicht alle leben

Und Großmutter sagte

und Großmutter sagte mir
nun denkt sie
dass wir im Kreml jetzt nur
Hooligans haben
dass es nach dem
Dritten Friedenskrieg aussieht
und sie fühlt sich davon
ganz miserabel
ich habe bei der Antwort
nur gelacht
hab´ ihr erklärt
nun ja
es sei miserabel
doch Friedenskriege sind
noch nicht ausgedacht
und beruhige dich
man rasselt nur mit dem Säbel

Es deckt

ich wein´ nicht
aus vollen Kräften,
in der Brust
die schwere Last —
man sagt, dass
es mich eindeckte
deckt es ein
uns ohne Rast
alles kann
soweit eindecken
Vater kann
das Dach eindecken
Mutter kann
den Tisch eindecken
und der Schnee
den Weg eindecken
nur mein Opa
ist entschlossen
durch die Tränen
will mich necken
als Gebet
singt er: die Geschosse
können Kinder
nicht entdecken

Der Krieg in Moskau

ich hatte einen Albtraum nachts
und ich schrie auf
der Krieg in Moskau der Krieg
und ich schrie auf
der Krieg auf dem Roten Platz der Krieg
und ich schrie auf
die Nacht schlaflos verlief
mein Bruder tags darauf
weder aß noch trank
und auf der Karte krabbelnd mit der Lupe
hat uns gesagt der Krieg zieht hier nicht lang
doch freilich ist er eine dumme Hupe

Foltern

gestern hört´ ich übers Foltern:
wenn kein´ Trank man geben wollte
und zum Essen Überbleibsel
reichte, soll dies Folter heißen

man benutzt manchmal als Folter
heikle Arten von Tabletten
schnallt brutal an harte Hocker
legt in Eisen und in Ketten

dieses Foltern bis zu Wunden
hab´n die Ahnen längst erfunden
wollten machen uns sanftmütig
und Verhöre kurz und gütig

man kann
Kinder etwas netter
foltern leicht
aus der Pipette

Das Pferd ist kaputt

Clown und Kasper seit Wochen stumm
wollen nicht freundlich sein
und mein Pferd ist zerbrochen nun
muss ich morgen allein
stundenlang durch das Fieber wirr
stehen an einem Ort
mit dem Kasper wär´s lieber mir
darf nicht, er ist verstört
von den beiden seit Wochen kam
wie vom Dino kein Wort
und mein Pferd ist zerbrochen dann
sagte ich ab sofort
bis demnächst, grüße euch meine Herrn
wartet ihr auf mich lang
und es heißt – seid ihr einig – der
Friedenswacht Alleingang

Witja (Victor)

für Victor Copytsko

wir mit Witja – aus der gleichen Ecke
wir sind Freude schon seit langer Zeit
innerlich denk´ ich er ist ein Recke
aus dem Krieg die Flucht gelang ihm weit

er sagt mir dort sei die Welt verblödet
und der Krieg gar nichts von Schande weiß
man dort lebensvolle Menschen tötet
und begräbt die Toten im Umkreis

wenn ich plötzlich mal zur Reife komme
wend´ ich mich an Witja herzlich dann
frage ich betrübt geknickt beklommen
wie ich alles endlich stoppen kann

Ich male die Bilder

wenn ich die Bilder male
  sind sie abstoßend alle
ganz egal was ich schaffe
  es wird zum Krieg und zur Waffe
male die leuchtende Sonne
  wandelt sie sich zur Kanone
und im Grünen die Pflanzen
  entpuppen sich grad als Panzer
male ich Pflanzensprossen
  werden sie zu Geschossen
male ich eine Puppe
  dann entsteht hier ein Krüppel
male ich eine Kugel
  häuft sich gleich ein Grabhügel
ich bemale die Berge
  und bekomme die Särge
mein Nachbar Onkel Peter
  den Kern der Sache gleich trifft
sagt die Zeit nun vertrete
  dich mit einem Bleistift

Nach der Bombennacht

in der Bombennacht verweilen
wir zwischen Pennern spät im Hof
durch Zufall zeigt´ ich Zuneigung
der fremden Oma mit dem Zopf
sie weint los und sagt gewogen
ich sei ein mannhafter Wicht
ich nahm sie an den Ellbogen
küsste zärtlich ihr Gesicht
gleich gab sie mir in der Dose
obwohl ich keine Trän´ vergoss
eine schwarze trockne Rose
und ´ne Orange – riesengroß

Alle reisen zügig ab

ich hab´n Meerschweinchen angesprochen
das Schweinchen ist gleich weggekrochen
und sprach kein Wort mit mir danach
ich sprach ´ne Meise an, die Meise
begann sofort herumzukreisen
sie zeterte und flog zum Bach

macht nichts weil wir den Kaktus haben
beim Treffen wir Anreiz uns gaben
der zum Gespräch uns angeregt:
verlassen alle ihre Orte
fort sind die Igel und Schildkröten
gleich weg die Spinnen und die Motten
sind alle weg

fast alle wollen schnell abreisen
mit Mitteln jeder Art und Weise
restlos für immer ganz zu Recht
ich will kein´ Bären euch aufbinden
mein Kaktus wird auch bald verschwinden
und niemand kommt noch zum Gespräch

Beutelratte

die Beutelratte ist ein intelligentes Tier
sie gefällt mir sehr
willst du sie fangen,
legt sich auf den Boden hier
als ob sie tot wär´
würde ich in den Krieg eingezogen sein
dann legte ich alle
am helllichten Tag
um mich herum richtig rein
so wie ich es mag
da ansonsten nichts bleibt
tue ich nur so – keine Sorge
als wär´ ich gestorben bereits
längst gestorben

Bachmut

von unserem Haus
blieb stehen verdammt
von vier eine einzige Wand
dann sagte mein Vater
es kann gut sein
sie stürze bald auch ein
und in dieser Wand klafft
meines Fensters Schlund
nur vom Himmel ein Stück
schimmert darin wund
ich ginge nicht hin
doch in mir geht es rund
und ich geh´ wie´n Schiff auf den Grund
Mama weint
kaum trete ich an das Tor
so wird sie gleich im Gesicht blass
sagt mir geh nicht hin
was du drüben verlorst?
Dort verlor ich alles. Das war´s.

Der Feiertag

ich stimme wohl zu meinen Freunden
denn so ist der Stand der Dinge
das Fest war ganz mies ohne Freude
so dass wir nach Hause gingen
heute Morgen Charkiw mit Drohnen
griff man an nicht zum ersten Mal
wir sind glücklich noch weggekommen
die Geschenke sind uns egal
niemand weinte, wer weiß was noch kommt
man trifft den anderen sehr schmerzhaft
das Haus von Väterchen Frost zerbombt
und der Mann des Schneemädchens starb

Papa ist seltsam

Paps ist seltsam … er begleiten mich mag
bis zur Kita, seufzt an der Tür: nicht heulen!
Also geh in die Kita für'n halben Tag
und um eins werd' ich dich abholen.

Paps ist seltsam: mach keine Witze nach,
spiel keine dummen Streiche mit Jungen,
geh nicht allein zur Toilette, sei wach,
hab Geduld – dann ist alles gelungen.

Paps ist seltsam: mach kein' Lärm, keinen Schmutz,
klopf nicht auf den Teller, sei nicht so laut …
Sprich mit niemandem über was und schütz
dich …
– Überhaupt nicht sprechen?
– Überhaupt …

Paps ist seltsam.

Es ist verkehrt herum

früher war´s – als vieles Feuer fing
nach dem ersten Tag vom Krieg des Bösen
als ich täglich in die Kita ging
pinkle wegen Bomben in die Hose
zwar verspüre ich jetzt etwas Qual
aber nur ein Kerlchen Angst bekommt
mir ist´s sogar gründlich scheißegal
dass man über´m Kopf jetzt hinwegbombt

früher war´s – die vielen Jahre grad
sind vorbei und heute umgekehrt
früher nannte Vater mich Soldat.

Nennt mich so nicht mehr.

Und Blumen verbleiben

Und verbleiben die Blumen? – Mit Blumenduft.
Und die Hunde? – Alle wie eins.
Niemand niemals ums Leben kommt – weder du,
noch dein plüschiger Zoo. – Ich weiß.

Da der Krieg nicht in unserem Lande geht,
erreichen uns keine Geschosse jetzt.
Jenes Land – auf der anderen Seite der Welt.
… und die Kätzchen? – Viele zuletzt.

Allgemein bleibt es alles wie immer. Der
Tag vergeht, der nächste kommt in Sicht,
alle fahren in andere Städte fern.
… Pferde auch? – Sonst geht es nicht.

Und wir rasen – nach vorne auf dem Sattel los
bis zu den Wolken vielleicht empor,
niemand wird einmal tot sein,
                          niemals stirbt bei uns bloß –
am allerwenigstens nicht bevor …

Alle denken an die Morgenröte dann …
… sowie Fische? – Sie sind daneben.
Wenn sich jemand an Krieg mal gewöhnen kann,
kommt jeder von uns ums Leben.

Nachwort

***

Nun, lass es sein. Und ich verließ den Bienen-
stock, nur mir selbst Vorwürfe still gemacht.
Mein Krieg ist jetzt vorbei, es hat gekracht,
ich starb durch´n blinden Schuss in den Ruinen.
Wie ein Dummkopf flog diese Kugel sacht,
sie klammert an mein Herz sich: lass mich wärmen,
hat sich erwärmt und blieb im Herzen gerne,
hat keinen großen Schaden verursacht,
hat nur getötet.
Die Sternschnuppe fiel
an mir vorbei durch das Geschrei „Die Luft!" und
sie irgendwo verschwand in dumpfen Grüften,
das aber war kein allzu schlechtes Spiel:
ich bin von nun an weg, solang Licht dort
im Fenster brennt, bin ich noch in der Lage
zu schreib´n ein letztes Wort … nein, noch ein Wort –
und noch die allerletzte Heldensage.

Inhalt

94

Eugen Kluev

Geboren 1954 im russischen Twer nordwestlich von Moskau. 1976 schloss er sein Studium der russischen Sprache und Literatur an der staatlichen Universität Twer ab. 1982 promovierte er am Lehrstuhl für Stilistik der Fakultät für Journalismus der Moskauer Staatlichen Universität mit einer Dissertation über die indirekte Erzählweise. Danach lehrte er an Universitäten, arbeitete für Moskauer Zeitungen und Zeitschriften, gleichzeitig veröffentlicht er seine Arbeiten hauptsächlich im Verlag „Vremja" („Die Zeit") in Moskau. In den letzten Jahren hat er vor allem viel für Kinder geschrieben und übersetzt, vornehmlich in Zusammenarbeit mit dem Moskauer Verlag „Samokat" („Tretroller"). Der Autor lebt und arbeitet seit den 90er Jahren in Dänemark. Er ist Ph.D., unterrichtet Dänisch als Fremdsprache an einer Sprachschule in Kopenhagen, schrieb Lehrbücher und Monographien im Bereich der sprachwissenschaftlichen Pragmatik, Rhetorik usw. sowie poetischen Sammlungen, Romane, Märchen und Theaterstücke. Er übersetzte Werke des englischen klassischen Nonsens (Alice im Wunderland etc.). Zudem ist er ein Kavalier vom Orden des ehrenvollen Dodo (The Order of Dodo of Honour) und erhielt mehrere Literaturpreise. Seine Werke wurden in zehn Sprachen übersetzt.

Veröffentlichungen (Auswahl nach 2014)

Musik auf der Titanic. Gedichte. Wremja. Moskau. 2014 ISBN 978-5-9691-1192-9. 313 Seiten (auf Russisch)

Keine Rückkehr Lieder. Gedichte. Wremja. Moskau 2018 ISBN: 978-5-9691-1679-5. 221 Seiten (auf Russisch)

Wenn du schön sein willst. Das Lexikon der Anliegenheiten. Gedichte. Samokat. Moskau. 2020. ISBN: 978-5-91759-975-5. 96 Seiten (auf Russisch)

Ein Herzchen aus Pappe geschnitten. Das Märchenbuch. Samokat. Moskau. 2021. ISBN: 978-5-00167-393-4. 208 Seiten (auf Russisch)

Ein Elefant im vollen Sinne des Wortes. Das Märchenbuch. Samokat. Moskau. 2021. ISBN: 978-5-00167-445-0. 200 Seiten (auf Russisch)

Si longtemps tu voles au ciel. Recueil de poèmes. Traduit du russe par Dayana Matevosova et Isadora Waltz. Éditions Grèges. Aix-en-Provence. 2022. ISBN: 978-2-915684-60-5. 134 Seiten (auf Französisch und Russisch)

Wie ein Schnürchen sich drehte. Das Märchenbuch. Samokat. Moskau. 2023. ISBN 978-5-00167-538-9, 204 Seiten (auf Russisch)

Englisch für Papageien. Ein makkaronisches Buch. Gedichte. Samokat. Moskau. 2023. ISBN 978-5-00167-329-3. 64 Seiten (auf Russisch)

Ich komme aus Russland. Es tut mir leid. Gedichte. Freedom Letters. 2023. ISBN 978-1-998084-01-2. 239 Seiten (auf Russisch)

Arina Galantseva

wurde 1982 in Tscheljabinsk am Ural geboren. Sie ist eine professionelle Künstlerin, 2002 schloss sie ihr erstes Studium in dem Fach Malerei an der Kunsthochschule in Tscheljabinsk, ihrer Heimatstadt, und 2008 ein zweites Studium in dem Fach Malerei für Filmkunst und Fernsehen an der Allrussischen Staatlichen Universität für Kinematographie in Moskau ab. Seit 2013 wohnte sie in Charkiw in der Ukraine. Die letzten Jahre vor dem Krieg arbeitete sie am Projekt Babyn Jar im Holocaust-Gedenkzentrum in Kyjiw. Nach dem Angriff Russlands auf die Ukraine und ersten Bombardements auf die Stadt Charkiw floh sie mit zwei kleinen Kindern nach Deutschland und wohnt seitdem in Köln. Die Zeichnung für das Cover und die 16 Zeichnungen im Buch sind eigens für diesen Gedichtzyklus geschaffen. Die Künstlerin ließ sich von ihren eigenen Erfahrungen und Gefühlen inspirieren.

Ukraine: blau und gelb

Gedichte

Dirk Tilsner, Kurt Bott, Peter Frank, Herta Andresen

420 Seiten, Dorante Edition, 2023

Ein Krähenschwarm zieht wie Treibgut in aufkommenden Winterne-
bel. Die Landschaften versinken wie eine stolze Flotte unter bleichem
Tuch. Moschusochsen in der Arktis schütteln ihre Mähne, tragen eine
brüchige Maske aus Schnee. Sintersäulenwelten begegnen uns in einer
Kathedrale aus Gestein. Im polnischen Paradies finden sich Ukrainer
in einen Schatten gekleidet, Fluchtbewegungen werden abgeschritten.
Wie die Bukowina Rose Ausländer bewohnt, gelangt in den Spiegel. Was
wird aus dem pazifistischen Streben, wenn ein Diktator es auf brutale
Landnahme anlegt? Charkiw und Cherson kommen in den Blick, ebenso
wie Kiew. Zahlreiche Gedichte entwickeln ihren eigenen Blick auf den
russischen Angriffskrieg gegen die Ukraine, ein Schwerpunkt in diesem
Band. Auf die Unvernunft nuklearer Ambitionen wird abgehoben. Vom
Flurwandel ist die Rede, wie die Logistik des Menschen immer tiefer in
Wald und Wiesen vordringt. Mitunter scheinen die Gesetze wie Kleider,
doch was, wenn sie irgendwann nicht mehr passen? Erfahrungen des
Malers Franz Marc, sein Skizzenbuch wird reflektiert. Das Kaminfeuer
lodert und wärmt.

Jahre im September

Gedichte und Erzählungen

Marko Ferst

212 Seiten, Edition Zeitsprung, 2017

Über Ostseeinseln wie Öland und Usedom streifen die Gedichte. Sie führen in die schwedische Schärenstadt sowie nach Buchara, Samarkand oder in den Ural. Magische Ausflüge in die Natur und Tierwelt tauchen auf. Gedichte zu Musik, Literatur und Malerei reichern diesen Lyrikband an. Unter die Lupe genommen wird der Drang der Regierenden, uns mehr und mehr auszuspionieren. Kritik zieht das gescheiterte Afghanistan-Abenteuer auf sich, das syrische Totenfeld wird umrissen. In Bangladesch zeichnen sich weitere Landnahmen des Meeres ab, Wasserstände, die mit unserem verschwenderischen Lebensstil im Norden verbunden sind. Sondiert wird, warum unsere Zivilisation ökologisch zu scheitern droht, sich längst im Spätstadium befindet. In der Arktis zeigt sich, wie weit das Vorspiel zum Klimaumsturz schon gediehen ist. Spitzbergen archiviert unsere letzten genetischen Hoffnungen. Den Spuren und Abgründen einer mysteriösen Krankheit wird nachgegangen. Der Band enthält zwei Erzählungen — eine arktische Begegnung zwischen weißen Raubtieren und einen Blick in das sowjetische Speziallager Sachsenhausen.

Leseproben: www.umweltdebatte.de Bestellung: marko@ferst.de

Brücken ins Land

Erzählungen

Sabine Naumann, Marko Ferst, Elisabeth Gehring, Fritz Leverenz, Peter Lechler u.v.a.

376 Seiten, Edition Zeitsprung, 2021

Von einer Hochzeit in den Jurten der mongolischen Steppe, grandiosen Landschaften wird erzählt. Ein Ausflug auf dem Dromedar in Saharadünen endet in den Fängen von Ganoven. Der Band enthält zahlreiche spannende Liebeserzählungen. Vom Schicksal eines Lehrers berichtet ein Beitrag, seine Frau kehrt von einem Kongress im Ausland nicht zurück in die DDR. Der Krieg in Syrien unterbricht das musikalische Üben eines Jungen, in Deutschland bekommt er eine neue Geige. Wie ein Kind in Brokdorf hineinwächst in die Anti-AKW-Bewegung, zeigt eine Autorin, bis hin wie die Polizei illegal Menschen einkesselt in späterer Zeit. Ein Gericht in Chile soll einen Brand klären, ein Lager mit Biberfallen fackelte ab. Ein Fliegermord soll aufgeklärt werden. Eine junge Frau, zur russischen Kommandantur beordert, gelangt unschuldig in ein Speziallager bei Berlin. Beim Schlachtefest kommt die Sache mit dem Schwein zur Sprache, das nach fruchtiger Kost ausnüchtern mußte.

Leseproben: www.literaturpodioum.de

Blauregenrauschen

Gedichte

Hanne Strack

2023, Dorante Edition, 128 Seiten

Blickwinkel und Ereignisse aus dem Alltag, aber auch die politischen Geschehnisse hierzulande und in entfernten Ländern nutzt Hanne Strack als Anstoßpunkte. Sie beschreibt in lyrischer, klarer Sprache und treffenden Bildern die Freuden und Beschwernisse des Lebens. Worte sind für sie wie ein Raum „der zum Verweilen lädt", in dem die uns umgebenden Schönheiten Platz nehmen können, genauso die Schrecken dieser Zeit. Diese werden nicht ausgeklammert, sondern auf den Punkt gebracht, hinterfragt. Sie versucht Grenzen abzubauen und warnt gleichzeitig vor dem Moment, „wenn wir sprachlos vor Toten und Trümmern stehen".

Der Krieg „in einem Land nicht fern", Leben und Sterben, es tauchen viele Aspekte in diesen Gedichten auf, die uns treffen und aufrütteln.

Im Focus stehen immer wieder Lichtblicke, die Hoffnungsschimmer enthalten. „Der erste Zitronenfalter" wie er sich einfach aufschwingt mitten im „Frühlingschaos" – ebenso wie der Mensch im Fließen der Freundschaft. Liebe, Respekt vor den Mitmenschen schwingen durch die Zeilen dieses Bandes.

„Mensch ich brauch dich", eines der Gedichte, die in der Coronazeit entstanden, scheinen über diesen Einschnitt hinaus gültig zu sein. Das Mit- und Füreinander stehen im Mittelpunkt und die Möglichkeiten, die der Versuch des gegenseitigen Verstehens bietet – Worte, die zueinander finden.

Fäden zur Welt

Lyrik zur Existenz

Carsten Rathgeber

147 Seiten, Dorante Edition, 2024

Licht fällt auf gelben Raps, Flügelschatten mustern. Momenten der Ewigkeit in Augenblicken und in den Rissen vom Dasein spürt dieser Lyrikband nach. Was trägt und bindet uns? Ideen und Gefühle tauchen auf, verklebt wie eine Endmoräne. Besprochen wird das karge Holz der Welt, die unlösbaren Felder. Künstliche Intelligenz erobert sich wie eine vierte Kränkung Terrain, mitunter nimmt sie die Wahrheit nicht so genau. Im syrischen Mondlicht werden Böden und Fugen blutverklebt hinterlassen. Raketenwerfer sind versteckt in Scheunen, Lügentrolle poltern auf den Straßen. Kurzgedichte folgen ihrem freien Lauf aus Momenten. Kaffee, Kuchen und Zeitung entfalten das Mögliche und hinterlassen Rätsel im Caféhaus. Im dritten Abschnitt des Bandes sind vermehrt die Tage der Liebe im Blickfeld, helles Licht, weiche Lippen. Die vorliegenden Gedichte orten die eigene Existenz und die Fäden zur Welt, die halten und leiten. Ein Pharisäer erlöst uns.

Leseproben bei Thalia, Buecher.de u.v.a.
Bestellen, Kontakt: carsten.rathgeber@gmx.de
Webseite: https://carstenrathgeber.wordpress.com/lyrik/

Berge und Sichten

Gedichte

Friedrich Kieteubl, Dirk Tilsner, Heike Streithoff

432 Seiten, 2024

Der Donauherbst begrüßt uns, Alleen öffnen sich. Der Alpenraum wird in diesem Gedichtband häufiger vermessen. Gletscher ziehen sich immer weiter und weiter zurück. Von der Bergfahrt eines Dampflokzuges, dem Kohleschaufeln, gibt es Bericht und ein befreiendes Pfeifen. Gedanken beim Wandern bergan, ökologische Schuld lässt sich nicht abschütteln. Fjorde frieren nicht mehr zu, Wetterberichte dokumentieren auffällige Aspekte. Eine wirklich dramatische Schlagzeile würde lauten: Die Flüchtlinge kehren in Scharen zurück. Ossietzky druckte was andere verschwiegen. In der Ukraine gleichen manche Orte Ruinenzonen, Folter thematisiert ein Gedicht. Normalität befindet sich hinter unseren Bezahlschranken, utopische Wendungen werden buchstabiert. Auch Schaukelpferde können aussterben. Orcas auf hoher See bedrängen ein Boot, alle bleiben an Bord. Abgespielt wird eine Hommage an das Lichtspielhaus. Liebesgedichte finden sich ebenfalls in dieser Anthologie. Oranges Mosaik aus Zuversicht, lässt es sich setzen?

Leseproben bei Thalia, Buecher.de u.v.a.